FUNÉRAILLES

DE

Maître PHILIPPE-JOSEPH

DEREGNAUCOURT

Doyen de la Paroisse St.-Christophe, à Tourcoing, Chanoine Honoraire de l'église métropolitaine de Cambrai, Chevalier de la Légion-d'Honneur, décédé le 14 Octobre 1876, dans sa 85.me année.

Les funérailles des saints sont souvent de véritables triomphes. Dieu se plaît à les glorifier sur la terre : aussitôt que le doigt de la mort a consacré leur enveloppe corporelle, il s'en dégage un parfum de sainteté, qui attire les âmes chrétiennes. Le respect et la vénération ne connaissent plus d'entraves, et se produisent au grand jour par des manifestations que la Foi seule peut inspirer.

La ville de Tourcoing vient de montrer d'une manière éclatante l'empire immense que la sainteté exerce encore sur le monde. Elle avait eu, pendant près d'un demi-siècle, le bonheur insigne d'avoir un saint pour pasteur, et Dieu seul connaît le bien immense que peut opérer dans les âmes un apostolat de 50 ans, exercé par un prêtre qui n'avait d'autre ambition que celle de faire son devoir.

D'autres diront un jour les grands travaux de cet homme apostolique, sa vie de luttes et de combat. Ils feront connaître au prix de quels sacrifices M. Deregnaucourt sut maintenir dans notre cité l'esprit religieux qui la distingue. Ils pourront s'étendre sur les industries de son zèle infatigable, sur les œuvres qu'il a fondées; ils rediront les vertus du saint prêtre que nous avons perdu.

Notre devoir aujourd'hui, c'est de pleurer sur la tombe qui vient de se fermer, et de conserver pour nos enfants le souvenir des funérailles de notre bien-aimé pasteur.

Dès le samedi soir, 14 octobre, la triste nouvelle s'était répandue dans notre cité : *M. le Doyen est mort !* Le saint prêtre avait rendu son âme à Dieu, entouré de ses frères dans le sacerdoce, au milieu des prières et des sanglots de tous ceux qui ont eu le bonheur envié d'assister à son dernier soupir.

Le lendemain, aux premiers feux du jour, une foule pieuse stationnait déjà à la porte de l'humble maison qui, depuis quelques mois à peine, servait de retraite à la vieillesse du pasteur. Impatiente de revoir une dernière fois ses restes bénis, elle demandait avec instance d'être admise auprès de la couche funèbre, sur laquelle venait de s'éteindre une vie si méritoire.

Vers midi, tous les préparatifs étant terminés, M. le Doyen fut exposé à la vénération des fidèles sur un lit de parade, dressé dans une chapelle ardente.

A partir de ce moment, le concours des visiteurs fut immense; ce fut un flot continu de larmes et de prières.

Le saint pasteur était revêtu de ses habits sacerdotaux, ainsi qu'aux plus beaux jours. Sa tête était inclinée, comme nous l'avons vue souvent pendant les dernières années de sa vie, et cette pose semblait nous rappeler tous les travaux, qui avaient courbé ce chef vénérable pendant cinquante ans. Mais le front était rayonnant et la figure sereine : les anges, en se penchant pour recevoir son âme, avaient laissé sur son visage je ne sais quelle expression de bonheur céleste. Ses mains serraient tendrement le crucifix et le chapelet, derniers livres ouverts aux regards de sa foi et de sa piété. Ses lèvres, qui, au sein de sa longue et pénible agonie, se mouvaient d'elles-mêmes, comme par une habitude sacrée de la prière, semblaient prier encore.

La croix de la Légion-d'Honneur brillait sur son oreiller ; elle avait été jadis un témoignage public offert au martyr du devoir et du ministère sacré.

C'est auprès de ce lit funèbre que, pendant deux jours, la foule se pressa pieuse, attendrie, jamais lassée, donnant un spectacle, dont elle même, sans doute, n'avait pas conscience, mais qui disait éloquemment ce qu'est un pasteur et un prêtre pour une population chrétienne. On tombait à genoux devant lui, comme devant un saint. La piété populaire songeait plus encore à se recommander à son crédit auprès de Dieu, qu'à lui assurer le lieu du repos. On faisait toucher à ses mains les objets de piété. D'intimes dialogues s'échangeaient avec lui, comme s'il pouvait les entendre encore; et sans doute que du haut du Ciel, où son âme s'était envolée, il se plaisait à les écouter.

Merveilleux ascendant d'une vertu, qui alla jusqu'à la sainteté ! On vit accourir aussi des paroisses voisines de nombreux visiteurs, qui vinrent mêler leurs larmes et leurs prières aux regrets universels de la population de Tourcoing.

Mais, au milieu de cette explosion de la douleur publique, la mort achevait son œuvre : il semblait qu'elle se hâtât de faire disparaître ce qui restait encore de terrestre dans ce corps sacré. Il fallut donc, dans la nuit du lundi, dérober le bien-aimé Doyen aux regards et à l'affection de ses enfants. On le déposa dans le cercueil. Soutenu sur les bras des prêtres de la paroisse, il descendit dans le lit de son suprême repos, et le cercueil, couvert d'un drap mortuaire et des insignes du sacerdoce, resta exposé jusqu'au jour des funérailles. Néanmoins la foule, toujours avide de prier, continua de venir s'agenouiller auprès de son pasteur, que ses yeux ne voyaient plus, mais qu'elle contemplait encore dans le souvenir de ses vertus et dans la vivante image de sa vie. Elle se disposait ainsi à lui donner, pour le jour de ses obsèques, le témoignage le plus éclatant de sa reconnaissance et de son amour, et nous pouvons croire que ce témoignage, inspiré par la foi, a réjoui le cœur de Dieu, en glorifiant un de ses plus saints prêtres.

C'est jeudi donc, que Tourcoing a dit le dernier adieu à son pasteur par les funérailles les plus triomphantes. Comment décrire le spectacle, qui a soulagé notre douleur, et qui aurait étouffé nos regrets, si nous pouvions oublier le souvenir du père que nous avons perdu ? Toutes les rues, par lesquelles le cortége devait passer, étaient tendues de noir; des bandes blanches et noires couvraient la façade des maisons; d'espace en espace, s'élevaient des dômes, aux couleurs de deuil. L'immense carré de la Grande-Place était décoré de tapisseries de mêmes nuances. Des inscriptions touchantes rappelaient les vertus du vénéré défunt et les regrets qu'il avait laissés. Le concert de la douleur était unanime : pas un cœur qui ne s'associât à ce deuil public par un témoignage à sa portée. Les plus humbles maisons de la rue du Calvaire étaient décorées comme les plus somptueuses demeures.

Il est vrai que l'Administration municipale avait regardé comme un devoir de s'associer à la douleur commune. La ville officielle et la ville chrétienne ne connaissent pas encore à Tourcoing la séparation et le désaccord : En face de la tombe du pasteur, il n'y avait que des chrétiens et des enfants, en proie à la même tristesse, sous l'impression des mêmes regrets.

Le cortége commença à s'ébranler à dix heures et demie. Il se composait des députations envoyées par les différentes œuvres fondées ou encouragées par M. le Doyen. Les Frères des écoles chrétiennes avec leur bannière de saint Joseph ; les Petites-Sœurs des pauvres, avec les plus valides de leurs nombreux vieillards ; les Filles de la Charité et les enfants de l'ouvroir qu'elles dirigent; les Sœurs de l'Enfant-Jésus, entourées de leurs élèves et d'une troupe d'orphelines vêtues de noir ; le Monastère de N.-D. des Anges, pour lequel M. le Doyen avait toujours témoigné tant de sollicitude; le Collége, qui doit, en partie, à ses prières et à son influence, la prospérité et l'esprit chrétien qu'il a maintenu. Venaient ensuite, dans un imposant cortége, le Cercle catholique des Ouvriers, une des dernières fondations qui ont couronné la vie pastorale du saint prêtre ; le Patronage des jeunes gens, qu'il a puissamment encouragé de ses conseils et de sa charité ; les Conférences, avec les différentes œuvres qui sont nées à l'ombre de Saint Vincent de Paul, de Sainte Élisabeth et de Sainte Chantal. Ces œuvres diverses semblaient ombrager le corps de leur saint fondateur de leur bannière en deuil, et déposer sur sa tombe le tribut filial de leur reconnaissance.

La musique municipale, qui précédait immédiatement le clergé, faisait entendre par intervalle des marches funèbres, et le corps des Sapeurs-Pompiers formait comme un cordon d'honneur autour du cercueil.

Ce cercueil, porté, à tour de rôle, par les prêtres originaires de Tourcoing, s'avançait lentement, précédé d'un nombreux clergé, et escorté par les confrères du T.-S. Sacrement, le flambeau allumé. Les cordons du poële étaient tenus par M. le Maire, MM. les Présidents du Tribunal et de la Chambre de Commerce, et M. Philippe Motte, président de la Fabrique, tous quatre décorés de la Légion-d'Honneur. Derrière le corps, et dans une attitude recueillie, se trouvaient des délégués légionnaires, le Conseil municipal presqu'entier, les différentes Administrations, les Professeurs du Collége et le Conseil des Prud'hommes ; enfin, les membres de la famille terrestre de M. le Doyen, dont plusieurs sont prêtres, héritiers de son nom comme de ses vertus.

A côté de ce cortége officiel, déjà si imposant par le nombre et le mérite de ceux qui le composaient, était accourue se grouper la population tout entière. Elle formait la haie d'honneur du saint prêtre en ce jour de son triomphe posthume. Elle se trouvait sur son passage pour l'acclamer une dernière fois, saluant avec respect le glorieux cercueil, s'inclinant devant le saint, bénissant sa mémoire et ses œuvres, et lui donnant, comme dernier témoignage d'amour, ses prières et ses larmes. Jamais prince, ici-bas, si grand qu'il fût, n'a provoqué, au jour de ses obsèques, une pareille démonstration. Un ouvrier se trouvait dans la foule, au moment où le cercueil passait. Il était vivement ému de l'imposant spectacle qui se déroulait devant ses yeux. On l'entendit s'écrier, sous le coup de son émotion: *Ah! c'est beau! mais quoi qu'ils fassent, ils n'en feront jamais assez pour un prêtre qui nous a tout donné et qui n'a rien laissé à faire!* Un autre, père d'une nombreuse famille, élevait successivement chacun de ses enfants au-dessus de la foule pour leur montrer le cercueil : *Un jour, mes enfants, vous vous souviendrez d'avoir vu les funérailles d'un saint!* Qu'ajouter à ces paroles, qui dans la bouche d'un homme du peuple, étaient le plus éloquent panégyrique? Ah! du haut du ciel, le saint pasteur a dû sentir en ce jour, plus que jamais, combien il était aimé! Au sein de la gloire qui l'environne, il a dû sourire de bonheur aux démonstrations filiales dont il était l'objet. Cette pompe funèbre n'était après tout que la glorification de sa foi et de son humilité, la récompense terrestre de sa vie de dévoûment et de sacrifices!

Le cortége suivit l'itinéraire parcouru, il y a dix ans, lors du Jubilé de M. le Doyen; heureuse idée, qui unira dans le même souvenir deux jours à jamais mémorables : celui où les paroissiens célébrèrent sur la terre les noces d'or de leur pasteur, et celui qui commença pour le saint prêtre, assis dans le ciel à la table nuptiale de l'Agneau sans tâche, un Jubilé qui ne finira plus.

Il était onze heures et demie, quand les restes vénérés de M. le Doyen entrèrent dans le temple sacré pour l'oblation du Saint Sacrifice. Au milieu de l'église s'élevait un immense catafalque, surmonté d'un dôme richement décoré ; c'est là que fut placé le triomphant cercueil. Des tentures noires entouraient les colonnes et garnissaient le vaste chœur de l'édifice. La chaire était couverte d'ornements de deuil. Cette chaire, qui avait si souvent retenti de la parole apostolique de M. le Doyen, du haut de laquelle sa voix pastorale avait versé, pendant cinquante ans, les enseignements de la Foi, elle était muette en ce moment et semblait participer à la douleur commune.

Quand l'immense cortége eut pris, dans la vaste enceinte, la place qui lui était assignée, la messe commença. Elle fut célébrée par M. Bafaleur, archiprêtre et doyen de La Madeleine à Lille, assisté par deux anciens vicaires de la paroisse de Saint-Christophe.

Le chœur était à moitié rempli par les prêtres nombreux, que nous avions vu défiler dans le cortége. Une dizaine de chanoines, en costume, formaient un demi-cercle auprès des marches de l'autel, et parmi eux on remarquait M. Caillaux, chanoine titulaire de la métropole de Cambrai et ancien vicaire de la paroisse.

Une partie du chœur et des bas-côtés avait

été réservée aux sociétés chorales, qui, sous l'habile direction du maître de chapelle de St.-Christophe, exécutèrent les chants liturgiques avec un admirable ensemble et une imposante solennité. Rien n'est beau comme la prière de l'Eglise, jetée vers le ciel par trois cents voix, qui chantent à l'unisson dans une majestueuse harmonie.

La lecture de l'Épître nous fit monter des larmes dans les yeux : c'est le cri de triomphe de l'apôtre saint Paul, considérant le bonheur des élus qui se dépouillent du vêtement mortel pour revêtir une glorieuse immortalité : C'est le récit de la défaite de la mort, ensevelie dans sa victoire ; c'est le chant d'amour des bienheureux, qui remercient le Christ Jésus du triomphe qu'il leur a donné. En entendant chanter ces paroles en face des froides, mais saintes reliques d'un prêtre vénéré, il nous semblait que, du fond de son cercueil, il mêlait sa voix triomphante aux accents de l'apôtre, et qu'il redisait avec lui l'Hosanna éternel des élus de Dieu.

Après l'oblation du Saint Sacrifice, quand les dernières prières de la messe eurent été récitées, M.r le chanoine Leblanc, principal du collége, monta en chaire, pour adresser à la foule, qui se pressait dans l'Eglise, la parole sainte qui console et qui instruit. Il voulait aussi payer au pasteur de son âme le tribut de sa reconnaissance. (*)

. . . .

Et maintenant que les anges le conduisent en Paradis, comme l'Eglise chante sur la tombe de ses enfants qu'elle mène au cimetière, dernière halte avant la résurrection !

(*) Nous donnons ci-après l'éloge funèbre prononcé par M. l'abbé Leblanc.

C'est là qu'au milieu de nouvelles prières et de nouveaux sanglots, nous avons vu descendre dans le caveau préparé les restes bénis de notre père. C'est là qu'on acheva de le cacher à nos yeux. La terre nous le reprenait et nous avertissait de ne plus le chercher qu'au ciel.

O père bien-aimé, du séjour de la gloire, où vous avez été reçu par les nombreux élus que vous y avez envoyés, jetez un regard paternel sur une cité qui est la vôtre à tant de titres. C'est à vous qu'elle doit d'avoir conservé le précieux trésor de sa foi traditionnelle et les habitudes religieuses qui la distinguent encore. Vous n'êtes plus au milieu de vos enfants, mais il nous reste de vous des exemples et des conseils, et nous voulons les suivre; il nous reste des promesses de ne point nous abandonner, et nous savons que vous les tiendrez. Il nous reste la conviction que la mort ne nous a ravi qu'une partie de vous-même, la moindre, la moins noble, et que votre âme, en rentrant dans le sein du Dieu très-haut, s'est encore rapprochée de nous. Il nous reste enfin, pour nous consoler, le successeur que votre zèle a formé, comme on nous l'a si bien dit. Héritier de votre lourde charge, il le sera de vos vertus, et il continuera parmi nous l'œuvre sainte, à laquelle vous avez consacré 50 ans de votre vie sacerdotale.

Paroles adressées par M. le Chanoine Leblanc, au jour des Funérailles de M. le Doyen.

Defunctus adhuc loquitur.

(Heb. XI, 4.)

Mes Frères,

Ce n'est point une oraison funèbre que je viens

vous faire entendre ; ce n'est point même, à proprement parler, l'éloge du vénéré défunt dont la dépouille mortelle est là sous nos yeux. Cet éloge serait inutile : il est sur toutes les lèvres ; il est dans tous les cœurs ; et, quand tout le monde se tairait aujourd'hui, les œuvres parleraient ; elles feraient de notre saint pasteur le seul éloge qui lui convient et que l'Esprit-Saint recommande en disant : Que ses œuvres fassent seules son éloge : *Laudent eum opera ejus.*

Au reste, mes Frères, je croirais manquer à la dignité de la chaire sacrée, aux convenances imposées par l'importance et la nature de l'auditoire, au respect dû à la grande mémoire du défunt, si j'entreprenais, si j'avais la témerité d'entreprendre un ouvrage, qui ne pourrait être qu'une ébauche, quand il s'agit d'une vie si longue et si saintement remplie ; ce travail veut du temps, des soins et de la maturité. Ce travail se fera un jour, je l'espère, quand le moment sera venu.

En attendant, que viens-je faire au milieu de vous ? A quel titre ai-je pris la parole dans cette assemblée ?

Ce que je viens faire, c'est mêler mon deuil à votre deuil, mes larmes à vos larmes, mes regrets à vos regrets ; mais aussi mes espérances à vos espérances ! Je n'ai d'autre titre que celui que me donne ma naissance au milieu de vous ; car moi aussi, je suis l'enfant de cette cité, l'enfant de cette paroisse, où j'ai été baptisé, où j'ai fait ma première communion, où j'ai passé la plus grande partie de ma vie Moi aussi, je suis l'un des enfants de ce père que nous pleurons. et, soit dit sans offenser personne, je suis l'un de ses fils de prédilection.

Je voudrais toutefois que ce deuil ne fût pas stérile, et qu'à travers nos larmes, il se dégageât une leçon utile.

Pour dire toute ma pensée, je voudrais faire revivre un instant parmi nous cet homme apostolique dont la froide dépouille est étendue dans cette tombe ; je voudrais rendre la parole à cette bouche muette ; faire entendre une dernière fois cette voix si connue, dont les échos redisent encore les accents, et réaliser ainsi le mot de nos livres saints : Il parle encore après sa mort : *Defunctus adhuc loquitur.*

Que vous dirait donc ce vénéré pasteur? — Ah! mes frères, il ne vous défendrait pas de lui faire de si belles funérailles ! Il ne vous a pas défendu, il y a dix ans, de célébrer si dignement, comme vous l'avez fait, le 50.ᵉ anniversaire de son sacerdoce ! Et puisque vous êtes privés du bonheur de célébrer le second 50.ᵉ anniversaire auquel il touchait au milieu de vous, il vous est bien permis de donner à cette cérémonie funèbre l'importance et l'éclat que vos cœurs souhaitent et que commande votre piété Vous avez, il y a dix ans, honoré dignement son sacerdoce ; honorez aujourd'hui dignement sa sainte mort ; il ne vous le défend pas !

Il ne vous défend pas non plus de vouloir ériger sur son tombeau, à l'endroit où vont reposer ses restes bénis, un monument digne de votre piété, de votre reconnaissance filiale ; un monument qui perpétue parmi nous le souvenir de ses vertus, de ses mérites et de ses bienfaits !

Mais il voudrait quelque chose de plus ! Voici les vœux qu'il va vous exprimer par ma bouche :

I Quand l'apôtre saint Paul était sur le point de s'éloigner pour toujours de la ville d'Ephèse, et de ce pays qu'il avait évangélisé avec tant d'amour, tant d'épreuves, tant de larmes et de succès ; il voulut réunir une dernière fois autour de lui les principaux habitants de la contrée et de la ville d'Ephèse : et là, sur le rivage, en vue du vaisseau qui allait l'emporter à jamais, il leur adressa ses dernières recommandations : C'étaient les adieux solennels de l'apôtre à son peuple bien-aimé :

Souvenez-vous, leur disait-il, que depuis le premier jour que j'ai posé le pied sur votre sol, *a prima die quâ ingressus sum*, je n'ai jamais cessé de vous prêcher le Royaume de Dieu et la foi en N.-S. J.-C. : *prædicans regnum Dei et fidem in D. N. J. C.*

N'est-ce pas là, mes Frères, le langage que vous tiendrait notre vénéré doyen? Depuis cinquante ans, à peu près, que je suis au milieu de vous, qu'ai-je fait autre chose que de prêcher le Royaume de Dieu et la foi en N.-S. J.-C. ? Cette foi, il est vrai, je l'ai trouvée, grâce à Dieu, déjà fortement enracinée dans vos âmes chrétiennes ; mais, toute ma vie, je n'ai cessé de travailler à la maintenir et à la faire croître ! A mesure que la prospérité matérielle de votre cité grandissait sous mes yeux, j'ai voulu faire marcher du même pas, faire prospérer et progresser aussi la foi en N.-S. J.-C., que vous avaient léguée vos pieux ancêtres !

C'est pour maintenir et étendre cette foi divine qu'il a successivement bâti deux nouvelles églises dans les deux quartiers les plus populeux et les plus éloignés du centre de la cité ! c'est pour atteindre à ce but qu'il nourrissait l'espoir d'en bâtir encore d'autres avant sa mort !

C'est pour maintenir et étendre le règne de Dieu et l'esprit de la foi, que, dans ces derniers temps, il a si vivement accueilli l'œuvre de la sanctification du dimanche; à Tourcoing, en effet, dans notre bonne et religieuse ville de Tourcoing, le respect pour le saint jour du Seigneur, sans être violé aussi audacieusement que dans certaines contrées, ne laissait pas d'être plus ou moins oublié et profané même par des habitudes introduites par de longs usages. Il aurait voulu les voir supprimer ou modifier de son vivant !

Ah ! qu'on lui rende justice ! Il aimait à voir prospérer votre industrie et vos affaires ! Il n'a jamais été indifférent à rien de ce qui touche à vos intérêts, même dans l'ordre des choses de ce monde; mais ce qu'il voulait avant tout, ce qu'il n'a jamais cessé de vous prêcher, c'est le règne de Dieu parmi vous, la foi en N.-S. J.-C., le salut de vos âmes ! Oui, disait-il souvent prospérez, soyez heureux dans vos affaires; mais sauvez vos âmes et gardez à Tourcoing sa vieille réputation de ville de foi.

II. La foi que prêchait l'apôtre saint Paul n'était pas une foi morte ! c'était la foi vivante, animée par les œuvres de la Charité Souvenez-vous, mes Frères, disait-il à son peuple, que je vous ai fait connaître, que je vous ai montré tout ce que vous devez savoir et tout ce que vous devez faire. *Omnia ostendi vobis*

Or, ce qu'il faut faire, c'est mettre votre conduite d'accord avec vos croyances ; c'est faire les œuvres de la foi par la charité ; car, sans les œuvres, la foi est morte : *Fides sine operibus mortua est.*

C'est pourquoi je vous ai enseigné qu'il y a obligation rigoureuse, que c'est un devoir absolu, nécessaire pour vous, de venir au secours de ceux qui sont faibles et qui sont privés des biens corporels ou spirituels : *Oportet suscipere infirmos.*

C'est pourquoi je vous ai rappelé l'enseignement du divin Maître et vous ai cité cette parole sortie de son cœur : *Il y a bien plus de bonheur à donner qu'à recevoir : Beatius est magis dare quam accipere.*

Encore un coup, mes Frères, n'est-ce pas là le langage que vous a tenu toute sa vie, que vous tiendrait encore aujourd'hui votre pasteur, s'il pouvait vous parler encore? N'a t-il pas constamment mis sa conduite d'accord avec ses paroles? Il nous serait impossible d'énumérer toutes les œuvres qu'il a établies pendant les 50 années qu'il a passées au milieu de nous ! La ville tout entière rendrait témoignage à sa Charité ! Tourcoing, à son arrivée parmi nous, comptait à peine quelque établissement pour le soulagement des misères humaines ; aujourd'hui que lui manque-t-il ? Depuis les petits enfants qui marchent à peine librement, jusqu'aux vieillards qui penchent déjà vers la tombe, tout ce qui souffre a trouvé parmi nous un asile : les uns y vont apprendre à bien vivre ; les autres, ce qui vaut mieux, y vont apprendre à bien mourir !

Je ne voudrais pas, mes Frères, en rendant cet hommage public à notre vénéré doyen, laisser échapper de mes lèvres une parole qu'il pût désavouer : je ne voudrais rien dire qui pût blesser les droits de la vérité. Il ne fut pas seul, je le sais, à faire le bien parmi nous; il trouva des auxiliaires parmi ceux qui ne sont plus; il en trouva que nous avons le bonheur de garder encore; mais ce que personne ne voudra contester, c'est qu'il eut dans le bien qui s'est fait dans notre ville, depuis 50 ans, sa grande part, la plus grande part : qu'il en soit béni !

Et maintenant, que dirons-nous encore, mes Frères ! Ah ! continuez ces traditions de la Charité, comme vous continuez celles de la Foi ! Veillez-y, dirai-je, en empruntant encore le langage de l'apôtre, veillez-y comme sur un trésor précieux, et gravez ces enseignements dans votre cœur et dans votre mémoire ! *Vigilate, memoria retinentes.* — Que Tourcoing reste à jamais la ville de la Charité et des bonnes œuvres comme elle est la ville de la Foi.

—

Quand l'apôtre eût fini de parler, il se dirigea vers le vaisseau qui l'attendait ; et à ce moment, dit l'auteur sacré, il se fit comme une explosion de sanglots et de larmes : *Magnus fletus factus est omnium.*

Mais parmi ceux que cette séparation désolait si profondément, on remarquait surtout celui que l'apôtre avait choisi pour lui succéder, qu'il appelait son fils, son fils chéri, Timothee : *Filio meo dilecto Timotheo.*

C'est qu'à la douleur de perdre son père, il se joignait, dans le cœur de Timothée, encore jeune, la crainte et les soucis de l'avenir : l'apôtre avait laissé entrevoir des temps pleins de péril pour l'Eglise d'Ephèse : *Tempora periculosa.* Il avait parlé même des ravages auxquels serait exposé son cher troupeau : des loups ravissants, avait-il dit, allaient fondre sur ce bercail chéri : *Lupi rapaces invadent vos, non parcentes gregi.*

Timothée avait peur et il pleurait.

L'apôtre ne tarda pas à le raffermir : Il avait vu couler les larmes de son fils, il s'en souvint : *Memor lacrymarum tuarum*, lui dit-il : mais ne crains rien ; rassure-toi, mon fils, en t'appuyant comme j'ai fait moi-même, sur la grâce de Dieu qui nous vient de N.-S. J.-C. : *Tu ergo, fili mi, confortare in grâtiâ Dei, quœ est in Christo Jesu.*

Ah ! sans doute, il pourra y avoir des jours de lutte et de travail ; mais souviens-toi que tu es le soldat et le travailleur de J.-C. : *Labora sicut bonus miles Christi !* Garde fidèlement le dépôt que je t'ai confié : *O Timothee, depositum custodi.*

D'ailleurs, tes larmes ont touché mon cœur paternel : je serai ton protecteur auprès de Dieu : j'en prends l'engagement solennel : non, jamais je ne cesserai de prier pour toi, de me souvenir de toi : *Sine intermissione habeam tuî memoriam in orationibus meis !*

Mes Frères, vous avez vu la douleur de celui que notre pasteur a choisi lui-même pour lui succéder au milieu de nous. Tous, sans doute, nous avons pleuré, nous pleurons encore sa mort ; mais nul n'a plus senti cette perte que ce fils de son choix ! Mais qu'il me soit permis de le lui dire : Qu'il se rassure aussi ! Notre saint doyen a vu couler ses larmes : il en a été touché ! il priera pour lui ! Vous savez, mes Frères, comme M. le doyen savait prier ! Qui de vous ne l'a vu, pendant sa vie, ici, dans cette église, priant sans cesse, le matin et le soir. Ah ! pour qui priait-il ainsi ? Il priait pour nous tous ! il priera encore; d'abord, pour vous, qui le remplacez parmi nous ; ensuite pour sa famille dont il était l'honneur et le conseil : il priera pour cette paroisse qui lui fut si chère ! il priera pour cette ville, pour ces magistrats qui savent si bien concilier les devoirs de leur charge avec leurs obligations de chrétiens ; il priera pour tous les établissements de charité dont il a été l'âme ou le soutien ; il priera pour le clergé, particulièrement pour ceux de ses enfants qu'il a eu le bonheur de voir arriver, en si grand nombre, à l'honneur de la vie sacerdotale ; il priera surtout pour l'éminent archevêque dont il était si heureux de se dire, en toute occasion, le très-humble, très-respectueux et très-obéissant fils et serviteur ; il priera enfin pour l'Eglise et pour son digne Chef dont les tribulations touchaient si vivement son cœur ; il priera pour nous tous, mes Frères, afin qu'un jour nous soyons tous unis, pasteur et ouailles, dans la patrie du Ciel. — Ainsi soit-il.

Tourcoing, imprimerie J. MATHON. — Déposé.

www.ingramcontent.com/pod-product-compliance
Ingram Content Group UK Ltd.
Pitfield, Milton Keynes, MK11 3LW, UK
UKHW021017220726
13924UKWH00001B/32